AF475262

ŒUVRE

DES

CERCLES CATHOLIQUES D'OUVRIERS

DE L'ORGANISATION JUDICIAIRE

1789-1889

PARIS

BUREAUX DE L'*ASSOCIATION CATHOLIQUE*

262, BOULEVARD SAINT-GERMAIN, 262

1888

DE L'ORGANISATION JUDICIAIRE

1789-1889

> « Ceux qui détruisent tout ne peuvent manquer de détruire quelque mal, et ceux qui font tout à neuf ont beau jeu pour faire quelque bien. »
> Burke : *Réflexions sur la Révolution.*

PRÉLIMINAIRES

§ 1. Origine du pouvoir judiciaire.

Le pouvoir judiciaire consiste à déterminer le droit de chacun (*jus dicere*) suivant les règles de la loi et sous la sanction coërcitive du pouvoir exécutif.

Cette définition implique trois actes sociaux : la confection de la loi, l'application de la loi, l'exécution du jugement. L'ensemble de ces actes sociaux dérive de la souveraineté.

I. *Confection de la loi.* Au point de vue temporel la loi est l'expression d'une volonté supérieure qui règle les actes des hommes vivant en société.

Cette volonté supérieure a un double caractère suivant qu'on considère la moralité de la loi ou sa force exécutoire.

L'erreur révolutionnaire consiste à faire dériver la loi « uniquement de la volonté générale » (*art. 6 de la Déclaration des droits de l'homme*), d'où il résulterait que « l'autorité n'est autre chose que la somme du nombre et des forces matérielles », proposition condamnée sous le n° 60 du *Syllabus.*

Les lois viennent de Dieu, de même que la souveraineté, puisque Dieu est l'auteur de tout, mais elles viennent aussi des hommes puisqu'elles sont faites par les hommes, soit qu'elles résultent de la coutume, soit qu'elles constituent le droit écrit.

En résumé, la loi humaine, pour être juste, doit être conforme à la loi divine, telle que nous la tenons de la Révélation, et, pour être exécutoire, elle doit émaner du pouvoir législatif régulièrement établi.

II. *Application de la loi.* — Dans les sociétés bien ordonnées, le souverain exerce le pouvoir judiciaire non par lui-même, mais par délégation, autrement l'intérêt privé pourrait être compromis.

« Il peut, dit Taparelli d'Azeglio (1), y avoir collision entre les droits individuels de *l'homme souverain* et les droits des autres hommes; il peut arriver que ses besoins et ses passions le poussent à violer l'ordre, quand il doit juger en cas de collision des droits. Il est donc obligé moralement de se mettre en garde contre ce danger, surtout quand la nature des droits à revendiquer est propre à exciter et à nourrir les passions. »

On peut considérer comme de véritables juges ayant autorité pour rendre des sentences de droit, les arbitres désignés d'accord par les parties, et les jurés, syndics ou autres délégués, nommés par les collectivités ayant une existence légale. Seulement ces sentences ne sont exécutoires que sous la sanction du Pouvoir.

Le juge délégué doit donc appliquer la loi telle qu'elle est promulguée par le Pouvoir compétent.

A-t-il le droit d'examiner si la loi est juste? Incontestablement oui. Une loi, même rendue par un pouvoir légitime, peut être injuste, c'est-à-dire non conforme à la loi divine; alors le magistrat ne doit pas l'appliquer; il doit se démettre de ses fonctions plutôt que de juger contrairement à sa conscience.

Quant à la compétence du Pouvoir, il peut se faire qu'elle soit contestable au point de vue de la légitimité, et que la souveraineté soit exercée par un Pouvoir de fait seulement. Dans ce cas, le juge n'est pas tenu de s'asbtenir d'appliquer la loi, à moins que l'usurpation ne soit à l'état de violence ou d'injustice flagrante. En effet, il importe que le fonctionnement du service judiciaire ne soit pas suspendu par les compétitions des partis politiques, et il suffit que le pouvoir législatif soit investi d'un caractère de stabilité relative, pour que sa compétence autorise l'exercice du pouvoir judiciaire, dans l'application des lois justes en elles-mêmes.

(1) Essai de droit naturel. I. 1189.

III. *Exécution du jugement*. Le rôle du magistrat est terminé quand le jugement est rendu. C'est au pouvoir exécutif d'en assurer l'exécution.

Ce qui précède a trait à l'application et à l'exécution de la loi au point de vue temporel.

En ce qui touche les personnes et les matières dépendantes de l'autorité spirituelle, il appartient à l'Eglise en tant que société parfaite ayant sa souveraineté propre, de faire des lois et de désigner des juges pour les appliquer. Le pouvoir civil a le devoir de reconnaître ces juges et de faire exécuter leurs sentences.

§ 2. Nature du pouvoir judiciaire.

Le règlement du droit sous la sanction du pouvoir intervient quand le droit des personnes est mis en question, soit par suite de contestation soulevée entre les parties, soit par le fait de lésion ou d'attentat commis par l'un contre le droit de l'autre. De là découle une distinction nécessaire. La contestation donne lieu à la simple déclaration du droit par *voie contentieuse*, l'attentat donne lieu à la répression *par voie pénale*.

Dans les origines de notre droit, cette distinction n'apparaît pas clairement. L'attentat, la lésion violente ou dolosive conserve son caractère privé, et ne donne lieu qu'à réparation envers la partie lésée. La notion de la répression pénale apparaît quand l'attentat, le délit, est considéré comme un *désordre social*. C'est alors que l'autorité est tenue de s'opposer au délit et de garantir la société contre les attaques du malfaiteur. De là, le droit de prévenir et de punir, même jusqu'à la mort, afin que la punition soit à la fois expiatoire et exemplaire.

Ainsi, d'une part, les individus et les collectivités ou personnes morales ont le droit d'obtenir justice ; d'autre part, le Pouvoir a le devoir de la leur fournir et le droit de la leur imposer.

L'expérience a prouvé qu'il est bon que les mêmes magistrats soient juges au civil et au criminel, bien que leurs attributions s'exercent séparément. Cette double compétence augmente leur autorité.

§ 3. Caractères de la justice.

Nous énumérons comme il suit les caractères d'une bonne justice. Elle doit être : accessible à tous, impartiale, rapide, efficace et exemplaire, définitive et complète.

Et d'abord, *accessible à tous*, c'est-à-dire organisée de telle sorte que tous, surtout les plus faibles, soient assurés d'être mis en possession de leurs droits, que les frais soient proportionnés au litige, et que les juges aient une compétence spéciale pour les causes d'un caractère spécial.

Nous ne disons pas *égale pour tous* suivant l'aphorisme de la Déclaration des droits de l'homme, que « la loi doit être la même pour tous, soit qu'elle protège, soit qu'elle punisse. » Une loi qui ne tiendrait aucun compte des inégalités naturelles résultant de l'âge, de la force, de l'adresse, de la fonction sociale et de l'intelligence serait souverainement inique.

La justice consiste non pas à établir entre les individus une égalité absurde et contraire à la nature, mais à proportionner les peines et les charges aux responsabilités sociales.

De même aussi, vouloir supprimer les juridictions spéciales en vertu du principe d'égalité, serait absolument injuste.

Dans les causes communes intéressant la société en général, soit au civil, soit au criminel, il faut qu'il y ait des tribunaux de droit commun ; mais les tribunaux spéciaux sont conformes à la raison et au bien social dans les causes spéciales, pour des faits spéciaux et à l'égard des personnes ayant une situation, un état spécial dans la société.

En deuxième lieu, la justice doit être *impartiale*. Il faut que le juge soit dégagé de tout motif personnel de se prononcer soit dans un sens, soit dans l'autre. Le magistrat tient son autorité du souverain ; mais, dans l'exercice de cette autorité, il est indépendant du souverain, et n'est responsable que devant Dieu. C'est cette indépendance qui distingue le *magistrat* de l'*agent du pouvoir*.

En troisième lieu, *rapide*. Tout procès civil ou criminel suppose l'existence d'une injustice de part ou d'autre. Il va de soi que cette injustice doit cesser aussi promptement que possible, sans toutefois que la rapidité nuise à la plénitude de l'examen.

En quatrième lieu, *efficace et exemplaire*. Il ne suffit pas que la partie lésée soit réintégrée dans son droit, ou que l'auteur du trouble soit mis dans l'impossibilité de le renouveler. Il faut que la sentence ait une sorte de caractère préventif pour protéger la faiblesse contre le dol ou la violence, et assurer la sécurité publique.

Cinquièmement enfin, *définitive et complète*. Le triomphe complet et notoire du droit sur l'injustice, telle est la fin exacte et l'idée vraie d'un jugement parfait. La justice humaine devant autant que possible et malgré son imperfection se rapprocher de l'idéal de la justice absolue de Dieu, il est nécessaire qu'il n'existe aucune ambiguïté dans la déclaration du droit d'où découle l'obligation de motiver clairement la sentence.

Telles sont les notions générales qu'il nous a paru utile de mettre en tête de cette étude. Elles ne sont pas extraites de la *Déclaration des droits de l'homme*, mais elles découlent des principes éternels de droit naturel que Dieu a révélés à l'homme et que l'Église a toujours placés à la base de ses enseignements.

HISTORIQUE

Le pouvoir judiciaire relevant essentiellement du pouvoir souverain, il en résulte que son histoire est intimement liée à l'histoire de la souveraineté.

Nous ne remonterons pas au delà de la période féodale, c'est-à-dire après le démembrement du grand empire de Charlemagne.

Période féodale.

On a souvent figuré le régime féodal sous l'aspect d'une pyramide composée de souverainetés subordonnées. Chaque seigneur, lié à son suzerain par la foi et l'hommage, était souverain dans son fief, et, par suite, juge de ses vassaux. Au sommet était le roi, le *grand fieffeux*.

Le *droit d'appel* semblerait être la conséquence de cette hiérarchie. Il ne s'imposa cependant qu'à la longue et comme résultat du développement de l'autorité royale. Cela tient à ce que dans le principe on ne se faisait pas de l'appel l'idée qu'il représente aujourd'hui d'un second degré de juridiction. Il avait plutôt le caractère de défi porté par la partie qui se prétendait lésée. Là revenait encore le préjugé du duel judiciaire que l'Église catholique finit par faire disparaître.

Le tribunal du seigneur est généralement désigné sous le nom de *Cour féodale*. Le seigneur jugeait quelquefois en personne, mais le plus souvent il déléguait sa juridiction. Les justices ainsi constituées s'appelaient *prévôtés, chatellenies, vicomtés, vigueries.*

Anciennement il y avait deux sortes de justices, *la haute* et *la basse justice. La moyenne justice* est d'une époque postérieure. On n'a que des notions imparfaites sur les limites de ces compétences.

Le principe qui domine à cette époque toute l'organisation judiciaire, c'est que *chacun doit être jugé par ses pairs.* La conséquence en était que le vassal avait le droit d'exercer des révocations dans les cours féodales, et d'exiger qu'elles fussent *suffisamment garnies de pairs* (1). Fréminville rapporte que le jugement par jurés se conserva dans certaines parties de l'Alsace jusqu'au commencement du XVIIIe siècle. Les jurés, tirés du lieu où le crime avait été commis et des villages voisins, étaient présidés par le prévôt seigneurial (2).

Dans les villes, la justice appartenait au seigneur, soit laïque soit ecclésiastique, soit au Roi.

On ne connait pas d'ordonnances antérieures au XIIe siècle où il soit question de *juridictions municipales.* A partir de cette époque, à la faveur des chartes d'affranchissement, les juridictions se développèrent. Les officiers de justice étaient désignés sous le nom de *consuls, maires, prévôts, viguiers, châtelains.* Peu à peu nous verrons ces officiers de justice subordonnés à l'autorité des baillis, qui, tout en respectant la coutume du pays, ne négligeaient rien pour faire dominer partout l'autorité royale (3).

A ces juridictions urbaines il convient de rattacher les juridictions des métiers dont on s'occupe si peu et qui eurent une influence si considérable.

Les corps de métiers, dès les premiers temps de leur organisation, eurent leurs magistrats, chargés de faire respecter les règlements, de défendre les intérêts de la communauté, de juger les différends survenus entre les gens du métier et d'exercer des fonctions de police et de répression disciplinaire. Au besoin, ces magistrats urbains requéraient l'assistance du seigneur pour rendre leurs sentences exécutoires. Ils eurent, suivant les lieux, les noms de *gardes, consuls, prud'hommes, bailes, eswards* ou *élus.* Leur nombre variait de un jusqu'à douze; ils émanaient généralement de l'élection, et représen-

(1) Boitard : Proc. civ., §§ 4-12.
(2) V. Babeau : Le Village. Ch. IV.
(3) Du Boys : Hist. du droit criminel, I, 49.

taient toute la hiérarchie corporative, étant choisis parmi les maîtres et les valets. Même, dans certaines professions, les femmes étaient admises à ces fonctions, sous le nom de *maîtresses du métier*, ou *preudes femmes* (1). C'est ainsi que l'artisan relevait de ses pairs suivant le principe universellement admis.

En vertu de son autorité légale et de sa compétence propre, l'Eglise avait sa juridiction, d'abord *ratione personæ* à l'égard des clercs, en second lieu *ratione materiæ* dans les causes touchant au droit canonique. L'autorité juridique appartenait aux Evêques qui la déléguèrent ensuite à des juges ecclésiastiques, sous le nom d'*officiaux* ou *vice-gérants*. Les *officialités* appliquaient la législation et la jurisprudence canoniques. Elles rendirent les plus grands services à l'organisation judiciaire, notamment en substituant à la pratique barbare du *duel judiciaire* la preuve par témoins, *inquisitio*. Dans ces tribunaux, la partie qui succombait était condamnée aux dépens, à la différence des tribunaux laïques où chacun supportait ses frais. Pour ces raisons et pour d'autres, surtout à cause de l'équité des sentences et de la douceur des peines, cette justice était très recherchée, au point que des laïques se faisaient tonsurer pour en relever.

Ratione materiæ, la compétence de l'officialité s'étendait aux causes même entre laïques relevant de l'autorité spirituelle de l'Eglise, ou ayant trait à l'administration des sacrements, telles que les causes matrimoniales, les questions de serment, de testament pour les legs pies, etc.

Il est certain que, malgré les travaux les plus récents, les notions historiques sur l'organisation judiciaire pendant la période féodale sont encore assez incomplètes.

Mais on se rend compte de l'influence que l'Eglise y a exercée. Alors que la hiérarchie civile était moins définie, l'autorité spirituelle avait une plus grande influence, et l'exercice de la justice, moins astreint aux prescriptions de la loi positive, offrait des garanties supérieures dans le respect de la loi divine.

Période royale.

Cependant, la Monarchie accomplissait son œuvre de centralisation du pouvoir. A mesure que la suprématie royale se développait, elle tendait à dominer la justice seigneuriale.

(1) Levasseur : Hist. des classes ouvrières en France, I, p. 191-212.

En leur qualité de *grands fieffeux*, les rois firent, peu à peu, aboutir dans leurs *justices* les appels portés contre les sentences des tribunaux seigneuriaux. Pour faciliter ce recours, Philippe-Auguste et saint Louis créèrent les *bailliages*, devant lesquels se portaient les griefs.

De plus, certaines causes furent réservées, à raison de leur caractère plus général, sous le nom de *cas royaux*. Il n'est pas aisé de les définir nettement, à en juger par l'édit de Louis le Hutin : « C'est à savoir que la royale majesté est étendue ès-cas qui, de droit ou ancienne coutume, peuvent et doivent appartenir à souverain Prince, et nul autre. » La connaissance des *cas royaux* appartenait aux bailliages, dont la compétence alla ainsi toujours en s'étendant.

Ces tendances de la royauté furent longtemps combattues par le pouvoir seigneurial. L'autorité royale finit par triompher ; elle trouva un grand appui dans les légistes et dans les institutions judiciaires.

Dès le XVIe siècle, l'organisation judiciaire peut être considérée comme accomplie ; elle ne subit pas de profondes modifications jusqu'à la Révolution. Sans prétendre en donner une idée complète, nous allons jeter un rapide coup d'œil sur cette organisation qui, à cause du respect pour la tradition, variait suivant les lieux et les coutumes.

Nous voyons d'abord à la base les *justices seigneuriales* peu à peu dominées et absorbées par les *bailliages* au nord, et les *sénéchaussées* au midi, à la fois tribunaux d'appel des *justices seigneuriales* et des *prévôtés royales*, et juges en première instance des *cas royaux*. Dans les villes libres ou communes, encore les *sénéchaussées* ou les *bailliages* placés au-dessus des diverses juridictions, y compris celles des métiers, que nous avons énumérées. Près de chaque bailliage est établi le *lieutenant criminel* chargé de juger les causes pénales. A Paris, la justice inférieure était rendue au *châtelet* ou *prévôté de Paris*, ayant à la tête un grand prévôt, homme d'épée et ne participant aucunement à l'administration de la justice, un lieutenant général civil de robe longue, un lieutenant général criminel et un lieutenant général de police.

Au-dessus des bailliages, les présidiaux, institués en 1552 par Henri II, sortes de petites cours de justice composées de neuf conseillers au moins, qui jugeaient tantôt en première instance, tantôt en appel. On se ferait une idée fausse de ces tribunaux, si on voulait les assimiler complètement à ceux que nous avons aujourd'hui. Ainsi, d'abord les baillis et sénéchaux avaient des attributions à la fois administratives et judiciaires; ils ne conservèrent en dernier lieu que les secondes, comme *baillis de robe longue.* Quant aux *présidiaux,* dans la plupart des villes où ils furent placés, ils firent corps avec eux, et devinrent à la fois bailliages ordinaires et bailliages d'appel (1). On admet qu'il y avait, en 1789, huit cent vingt-neuf présidiaux, bailliages et sénéchaussées de divers ordres.

Au sommet sont placés *les Parlements,* devant lesquels se portent les recours en dernier ressort, sauf évocation devant la Section du *Conseil du roi,* nommé le *Conseil des parties* dans certaines affaires importantes, en vertu de certains privilèges ou faveurs spéciales, et pour violation de la loi ou vice de forme.

C'est devant ces divers degrés de juridiction que se déroulaient les procédures civiles et les procédures criminelles.

Saint Louis avait définitivement supprimé le duel judiciaire; mais l'accusation conserva longtemps son caractère de publicité, et, sauf le *cri de haro* ou *flagrant délit,* la poursuite n'avait lieu que sur la plainte des parties qui s'exposaient à toutes les représailles en cas d'insuccès. Les baillis substituèrent à la longue le système de dénonciation à celui d'accusation, et l'instruction écrite et secrète à la procédure orale et publique.

La torture est une importation du droit byzantin, inconnue dans les anciennes coutumes françaises; on n'en trouve aucune mention avant le milieu du XIIIe siècle (2). Au XVIIIe siècle, il y avait encore deux sortes de questions: la *question préparatoire* qui précédait le jugement définitif, et qui n'était appliquée qu'en matière capitale lorsqu'il y avait déjà des preuves graves; et la *question préalable,* qui était prononcée par le jugement de condamnation pour obliger le condamné à dénoncer ses complices. Louis XVI abolit l'une et l'autre.

C'est l'ordonnance de 1670 qui a réglé le dernier état de la procédure criminelle sous l'ancien régime. Notre code d'instruction criminelle ne s'en écarte pas autant que l'opinion générale le suppose.

Outre les juridictions de droit commun que nous venons d'énumérer, fonctionnaient un grand nombre de juridictions spéciales.

La juridiction ecclésiastique connaissait, ainsi qu'il a été

(1) Voy. Boiteau: État de la France en 89.
(2) Dalloz: Preuve, n° 5. — Laferrière, VI, 215.

dit plus haut, des causes intéressant les clercs et des affaires touchant au domaine spirituel. Au Moyen Age, cette juridiction était indépendante et souveraine. L'appel était porté devant les Evêques, et des Evêques au Pape. Les légistes travaillèrent à lui enlever son caractère et à réduire son autorité. Ils introduisirent d'abord un *droit de révision* des sentences capitales; puis, ce droit s'étendit aux peines ayant un caractère perpétuel, puis, même aux emprisonnements temporaires. L'édit de 1329, sous Philippe de Valois, établit le *recours pour abus*. La pragmatique de Bourges défendit l'appel au Pape, *omisso medio;* l'ordonnance de 1539 restreignit la compétence ecclésiastique, l'édit de 1695 en régla l'exercice.

L'autorité ecclésiastique ne manqua pas de protester chaque fois qu'une atteinte était portée à sa juridiction; et malgré toutes les restrictions et les entraves, jusqu'à la Révolution, la juridiction ecclésiastique conserva sa compétence et sa sanction officielle.

La juridiction commerciale prit son origine dans les *foires* et *marchés*, pour lesquels on créa des *gardes* et *juges conservateurs*. A mesure que le commerce prenait un plus grand développement, des magistrats spéciaux furent créés dans certaines villes. L'édit de novembre 1569 institua une *juridiction consulaire* à Paris, remarquable par son analogie avec l'organisation actuelle de nos tribunaux de commerce.

Viennent enfin les nombreuses *juridictions administratives* dont voici les principales : — Les *amirautés* pour les affaires maritimes, avec appel au Parlement; — les *élections* pour les tailles et les aides, avec appel à la Cour des *Aides;* — les *greneliers* pour les contraventions en matière de sel; — les *bureaux de finances* pour la voirie; — les *maîtrises* pour les eaux et forêts; — les *connétablies* pour les gens de guerre; — les *officiers de la monnaie* et la *Chambre des comptes;* — la *Chambre du trésor* pour les domaines du Roi; — la *Chambre de la marée* pour le commerce du poisson, etc.

Parlements.

Avant de terminer cet aperçu rapide de l'ancienne organisation judiciaire de la France, il convient de dire quelques mots de l'origine et des pouvoirs du Parlement.

De tout temps, le Roi eut son Conseil où se réglaient les grandes affaires administratives ou judiciaires. Les grands vassaux y avaient leur place, et la procédure était instruite par les hommes de loi. Peu à peu, l'importance de ces derniers augmenta ; les hauts barons désertèrent le *Parlement* qui ne se composa plus que de clercs, et forma une assemblée de magistrats. D'abord *ambulatoire*, c'est-à-dire suivant le Roi dans ses déplacements, le Parlement devint *sédentaire* à une époque sur laquelle les historiens ne sont pas d'accord. Il fut constitué définitivement *cour de justice* par Philippe le Bel, en 1302. A cette époque, il n'était pas permanent et tenait des assises périodiques ; on pense que la *permanence* s'établit après le malheureux règne de Charles VI.

A partir du XIVe siècle furent créés successivement des Parlements de province, tels que ceux de Toulouse, de Grenoble, de Rennes, de Dijon, d'Aix, de Pau, de Metz, de Besançon, etc. En dernier lieu, leur nombre était de dix-sept, mais leur importance était inégale ; ils ne dépassaient guère les limites d'une province, et la prépondérance du Parlement de Paris, qui recevait dans son sein les princes du sang et les pairs, a toujours été indiscutée.

L'ordonnance de 1320, sous Philippe le Long, divisa le Parlement en trois Chambres : la *Grand'Chambre*, la seule qui jugeât en réalité ; la *Chambre des requêtes*, qui autorisait les plaideurs à citer la partie adverse et jugeait certaines affaires spéciales ; la *Chambre des enquêtes*, qui procédait aux actes d'instruction. Au milieu du XVe siècle fut créée la *Chambre de la tournelle* (à cause du roulement en vertu duquel elle était composée), qui connaissait des affaires criminelles.

Le Parlement était l'émanation de la justice du Roi. Les arrêts étaient intitulés et concluaient au nom du Prince.

Le souverain était représenté au Parlement par les *gens du Roi*, le *procureur général*, les *avocats généraux*, dont les fonctions consistaient à prendre des conclusions, à raison de l'ordre public, dans les affaires des particuliers, à plaider pour le Roi dans les affaires du domaine et de la couronne, à veiller au bon ordre et à la discipline de la Compagnie.

Une fonction d'inspection était confiée, en outre, à des magistrats royaux sous le nom de *maîtres de requête*, qui faisaient des *chevauchées* dans les différentes parties du royaume. C'est parmi eux que, plus tard, on choisit les *intendants de justice*, de *police* et de *finances* qui devinrent de si puissants agents de centralisation.

La puissance du Parlement alla toujours grandissant ; sa compétence était, on peut le dire, universelle. Elle touchait au *pouvoir législatif* par les *arrêts de règlement*, décisions rendues sur des espèces particulières, et qui acquéraient force de loi.

Elle s'étendait au *pouvoir spirituel* par les *recours comme d'abus*, à la faveur desquels les Parlements, sous prétexte d'arrêter les *empiètements* de l'autorité ecclésiastique et de protéger les libertés de l'Eglise gallicane, ne cessa d'empiéter lui-même jusqu'à statuer sur l'administration des sacrements.

Enfin, cette compétence confinait au *pouvoir politique* par le *droit d'enregistrement*, simple mesure de publicité grâce à laquelle le Parlement élevait la prétention, du reste toujours combattue, de suspendre l'exécution des ordonnances royales. L'histoire est remplie des démêlés des Rois avec les cours de justice.

Cette universalité d'attributions et cette ingérence politique furent la cause de tout le mal.

Comme corps judiciaire, le Parlement remplit en France une grande mission, en préparant l'unité nationale par l'unité de la jurisprudence et de la loi. S'il s'était maintenu dans ce rôle, il ne laisserait dans l'histoire que le souvenir de ses illustres magistrats et les exemples de sa fière indépendance au service du droit et de la justice.

A l'encontre, le rôle politique des légistes a été néfaste dès le principe. « Les légistes, dit Michelet, furent les tyrans de la France ; ils procédèrent avec une horrible froideur dans leur imitation servile du Droit romain et de la fiscalité impériale. Rien ne les troublait dès qu'ils pouvaient répondre à tort ou à droit : *scriptum est*. Ces cruels démolisseurs du Moyen Age sont les fondateurs de l'ordre civil aux temps modernes. Ce droit laïque est surtout ennemi du droit ecclésiastique (1). » Nous ne saurions être moins sévère que Michelet envers les légistes.

Les Parlements continuent l'œuvre politique des premiers légistes dans toute notre histoire. Après avoir poussé à l'excès la centralisation du pouvoir royal, ils le compromettent en de basses intrigues. Humbles et serviles quand la royauté est forte, ils se montrent arrogants quand elle faiblit.

Maupeou fit un acte de grande politique en ramenant le Parlement à son rôle judiciaire. Aussi ce ministre put-il dire avec raison, quand Maurepas commit l'imprudence de les rappeler :

(1) Histoire de France, III, page 39. V. aussi Guizot : *Civilisation en France*. IV, 15e leçon. — Bardoux : *Influence des légistes au moyen âge*.

« J'avais fait gagner au Roi un procès qui durait depuis trois cents ans ; Sa Majesté est bien libre de le reperdre. »

Par leurs résistances obstinées, par leurs manœuvres et leurs intrigues, les parlementaires, à partir de cette époque, préparent l'effondrement social, où ils vont entraîner avec eux la monarchie traditionnelle et les institutions fondamentales de la patrie.

Période révolutionnaire.

Quelle fut l'œuvre de la Révolution au point de vue de l'organisation judiciaire, et quelles réformes utiles a-t-elle laissées en vertu des principes nouveaux : telle est la question qui se pose maintenant.

Nous ne pouvons qu'indiquer les principaux vœux émis dans les cahiers de 1789.

On demandait surtout l'unité de juridiction, la réduction des degrés d'appel, la suppression des justices seigneuriales, l'abolition des épices et de la vénalité des charges, la gratuité de la justice, la publicité des actes de l'instruction, l'uniformité des peines, le jugement par jurés ou pairs, la suppression du secret de la procédure, l'abolition de la torture, de la question préparatoire, de la question préalable, les dommages-intérêts envers l'innocent renvoyé absous, la publicité des arrêts constatant la décharge des accusés, l'abolition du préjugé d'infamie contre les familles des suppliciés, etc., etc.

On pourrait résumer ces réclamations dans le *vœu* du clergé de Colmar, tendant à voir « consommer le grand ouvrage de la réformation de la justice en France. » C'était le mot le plus simple et le plus exact, car cette œuvre de réformation était entreprise depuis longtemps.

A la veille même de la Révolution, dans le lit de justice tenu le 8 mai 1786, Louis XVI s'exprimait ainsi : « Je veux convertir un moment de crise en une époque salutaire pour nos sujets, commencer la réformation de l'ordre judiciaire par celle des tribunaux qui doit en être la base, procurer aux justiciables une justice plus prompte et moins dispendieuse... Il faut à un grand Etat un seul Roi, une seule loi, un seul enregistrement, des tribunaux d'un ressort peu étendu, chargés de juger un grand nombre de procès, des Parlements auxquels les plus importants seront réservés, une Cour unique, dépositaire des lois communes à tout le royaume et chargée de leur enregistrement..... »

Ce langage était celui de la sagesse, et prouvait que tout était préparé pour les réformes nécessaires. Le Roi qui parlait ainsi aurait eu la volonté et le pouvoir de les réaliser, si les fauteurs de la Révolution sociale n'avaient eu en vue tout autre chose que le bien du pays.

La nuit du 4 août fut le signal de la destruction. En quelques heures, l'édifice construit par la main des siècles fut anéanti par les hommes qui avaient mandat de l'améliorer en le respectant.

Les principes de la Constituante sur l'ordre judiciaire ont été exposés dans les célèbres rapports de Bergasse et de Thouret. La loi du 21 août 1790 et celles qui suivirent embrassent une réorganisation complète de la justice.

De toutes ces réformes, celles qui devaient subsister étaient, pour la plupart, indiquées d'avance. La suppression des justices seigneuriales résultait du nouvel ordre de choses. L'unité de juridiction, la réduction de l'appel à un degré, l'obligation de motiver les jugements, la publicité des audiences, l'abolition de la torture, de la sellette, de la question préparatoire, de la question préalable, la constitution de tribunaux par circonscriptions administratives, de tribunaux de commerce, d'un tribunal de cassation, toutes ces réformes faisaient partie du programme de la monarchie. D'autres modifications telles que l'établissement des justices de paix et sans doute la création du jury de jugement auraient certainement suivi, et se seraient accomplies sans secousse.

Les véritables nouveautés de l'œuvre révolutionnaire sont : la nomination des juges à l'élection, la création de tribunaux de district, juges d'appel les uns des autres, la suppression à peu près totale du ministère public qui n'avait plus l'exercice de l'action publique, l'information publique et contradictoire des procédures criminelles, l'institution du jury d'accusation. Ce système ne fonctionna pas longtemps, et fut remanié suivant l'intérêt du moment et les passions révolutionnaires.

On sait la suite. Nous ne nous arrêterons pas à cette douloureuse époque où toutes les notions de la justice ont été violées outrageusement. Nous ne voulons juger la Révolution que dans l'application méthodique et pacifique de ses principes.

De toutes les innovations que nous venons d'énumérer, aucune ne subsista quand le régime impérial succédant au régime républicain prétendit établir son pouvoir sur des bases durables. Burke a pu dire avec raison : « Le bien que l'Assemblée nationale a fait est superficiel, et ses erreurs sont fondamentales (1). »

ORGANISATION MODERNE

1° Tribunaux de droit commun.

Notre régime judiciaire actuel pour lequel on a puisé à pleines mains dans les plans de Maupeou et de Lamoignon, a été définitivement réglé sous le Consulat et sous l'Empire.

Au bas de l'échelle judiciaire est placé le *juge de paix*. Il siège au chef-lieu de canton. Il connaît des affaires civiles de moindre importance sous réserve d'appel au-dessus de deux cents francs. Il exerce les fonctions de conciliateur, en toutes les affaires; même celles qui ne sont pas de sa compétence doivent avoir été l'objet d'un *préliminaire de conciliation* devant ce magistrat. Il est juge de *simple police* en matière pénale, c'est-à-dire qu'il prononce les peines pour *contraventions*, dont le maximum est de cinq jours d'emprisonnement.

L'institution des justices de paix est moderne et date de la loi du 27 mars 1791. On la considère généralement comme étant d'importation anglaise, quoiqu'elle n'ait qu'une ressemblance éloignée avec les *justices of peace*. Il serait plus exact de dire qu'elle a été empruntée à la Hollande. Déjà au moment de la Révolution elle était connue et figurait parmi les vœux des cahiers sous le nom même de *justice de paix*. C'était la nouvelle forme à donner aux anciennes *justices de village*. Son grand avantage est d'être à la portée des plaideurs, et d'arrêter au début bien des procès. C'est essentiellement la justice populaire.

Aujourd'hui, l'institution est faussée par la politique. Le juge de paix n'étant pas inamovible, le pouvoir exécutif en fait un agent électoral, et diminue ainsi son autorité judiciaire.

Sous un régime dégagé de pareilles préoccupations, cette fonction devrait être confiée à des hommes ayant une situation prépondérante dans la contrée et plutôt en état de rendre des services que d'en attendre.

Le *Tribunal d'arrondissement* est le type du tribunal de droit commun. On le nomme vulgairement tribunal de pre-

(1) Réflexions sur la Révolution.

mière instance, parce qu'il juge au premier degré toutes les affaires ordinaires, c'est-à-dire, en matière civile, *toutes les contestations entre parties* concernant l'état des personnes et des biens, et en matière pénale les *délits* ou infractions punies de peine correctionnelle. En outre, le tribunal d'arrondissement juge en appel les affaires civiles de moindre importance, portées en première instance devant le juge de paix, et les *contraventions* jugées au premier degré par le juge de paix constitué *tribunal de simple police.*

Au-dessus du tribunal d'arrondissement est la *Cour d'Appel* qui siège au chef-lieu d'un ressort composé d'un certain nombre de départements pour lequel on a eu la sagesse de ne pas trop s'écarter des anciennes circonscriptions parlementaires. Le nombre en est de vingt-six depuis la perte de l'Alsace et de la Lorraine. Les Cours sont divisées en chambres ou sections dont le nombre varie suivant l'importance du ressort. Il y a une Chambre spéciale pour les *Appels de police correctionnelle,* et une *Chambre des mises en accusation* chargée de statuer sur le renvoi devant les assises, des individus inculpés de crimes.

Les Cours connaissent de tous les appels qui leur sont portés des tribunaux de première instance jugeant soit civilement, soit correctionnellement. Elles jugent en Chambres réunies les affaires relatives à l'état civil des personnes, ainsi que les questions de nationalité, d'adoption, etc. Elles ont sur les tribunaux un certain droit de surveillance.

Au-dessus des cours et tribunaux se trouve placée la *Cour de cassation.* Elle ne constitue pas un degré de juridiction, mais un recours en cas de violation de la loi. Elle est la gardienne de l'obéissance à la loi et de l'unité de la jurisprudence. Son organisation primitive remonte au décret du 1er décembre 1790 et a été réglée successivement par un grand nombre de lois, décrets et ordonnances.

Elle est la continuation perfectionnée de l'ancien *Conseil des parties* qui a fonctionné sous la monarchie et dont la procédure avait été réglée en dernier lieu par l'ordonnance du 28 juin 1738.

La juridiction civile de la Cour de cassation est partagée en deux Chambres qui représentent deux phases de la procédure. L'arrêt de jugement est rendu par la *Chambre civile.* Mais auparavant l'affaire doit être portée devant la *Chambre des requêtes* qui prononce l'admission ou le refus d'admission à l'examen de la Chambre civile.

Quand un pourvoi est admis par la *Chambre des requêtes,* l'affaire vient à la Chambre civile qui *casse* l'arrêt ou *rejette* le pourvoi. Si le pourvoi est rejeté, l'affaire est définitivement close. Si l'arrêt est *cassé,* l'affaire est renvoyée à une autre Cour d'appel qui *juge sur renvoi.* Si ce second arrêt d'appel est de nouveau l'objet d'un pourvoi, il revient à la Cour de cassation qui juge *toutes Chambres réunies,* et renvoie à une troisième Cour d'appel, laquelle [illegible] obligée de juger conformément à la doctrine de la Cour suprême.

Les pourvois criminels sont jugés par la Chambre criminelle sans passer par la Chambre des requêtes.

Les demandes *en révision* sont formées quand deux arrêts sont contradictoires, par exemple si deux individus ont été condamnés par deux Cours différentes pour le même crime.

Enfin, la Cour de cassation exerce un pouvoir disciplinaire sur toute la magistrature.

Cette organisation de nos tribunaux est assurément plus simple que l'ancienne. Cependant il faut reconnaître qu'elle s'éloigne peu des institutions traditionnelles et historiques de notre pays.

La Justice de paix répond assez bien à la prévôté ou au juge de village, le Tribunal d'arrondissement au bailliage ou au présidial, la Cour d'appel au Parlement, la Cour de cassation au Conseil des parties.

Les rouages se sont simplifiés, les compétences se sont établies plus clairement ; mais, au fond, le mécanisme est le même. Qu'on suive aujourd'hui la marche d'une affaire ordinaire, on verra qu'elle passe par de nombreuses péripéties.

1. Préliminaires de conciliation.
2. Assignation en première instance.
3. Appel du jugement.
4. Cassation. Admission.
5. Cassation. Chambre civile.
6. Renvoi à une autre Cour.
7. Arrêt en Chambres réunies.
8. Arrêt définitif de la troisième Cour d'appel.

Est-ce à dire qu'il faille encore réformer ce nombre de recours? Nous ne le prétendons pas ; mais il est permis de reconnaître que, la nature humaine étant sujette à l'erreur, il faut accumuler les affirmations de droit avant de parvenir à un arrêt définitif. Incontestablement, les rédacteurs des cahiers se faisaient illusion sur la grandeur de l'abus et sur la profondeur de la réforme. Nous ne pensons pas qu'il y ait de sérieuses modifications à apporter à l'organisation actuelle des Cours et Tribunaux de droit commun, sauf en ce qui concerne la nomination des magistrats, ainsi que nous le dirons.

2) Juridiction criminelle.

Parmi les créations de la Constituante, la législation moderne a conservé l'institution du *jury de jugement,* qui fonctionne devant *la Cour d'assises.* La Cour d'assises est un tribunal criminel qui siège au chef-lieu judiciaire du département, et qui se compose d'un conseiller à la Cour d'appel délégué spécialement pour la session, et assisté de deux juges du tribunal local ou de deux conseillers, si c'est au siège de la Cour, en qualité d'assesseurs.

Le Jury est une réunion de douze citoyens tirés au sort sur des listes composées en principe de tous Français âgés de trente ans et non frappés d'incapacité ou dispensés. Le mode de composition des listes a varié. Sous l'Empire elle appartenait à l'administration préfectorale. Depuis la loi du 21 novembre 1872, elle est dressée par une Commission composée du président du Tribunal et des conseillers généraux sur une liste préparatoire dressée par le juge de paix, assisté des maires. Il est avéré que, depuis que cette loi fonctionne, elle a donné des jurys d'une faiblesse déplorable.

On sait que le Jury n'a à se prononcer que sur la question de savoir si *l'accusé est coupable d'avoir commis tel crime.* Il y a là plus qu'une question de fait, il y a une appréciation de la moralité du fait. C'est la Cour qui applique la peine.

Les arrêts de Cour d'assises sont en dernier ressort, et ne peuvent donner lieu qu'à recours en cassation pour vice de forme ou violation de la loi.

Cette institution du Jury de jugement a été l'objet de nombreuses dissertations. Elle était peu demandée. Il n'en est guère question que dans les cahiers de la noblesse. Elle est moins une réminiscence de l'ancien principe de la juridiction par les pairs qu'une importation anglaise préconisée par les philosophes et adoptée par la noblesse qui se piquait de philosophisme.

Faut-il y voir une conquête de la Révolution? Telle qu'elle est, la conquête est discutable. Cependant, l'institution est entrée dans nos mœurs, et la magistrature actuelle ne pourrait pas porter la responsabilité qu'entraînerait une telle suppression. La composition des listes est mauvaise; mais l'abus du droit de grâce est plus préjudiciable encore à l'efficacité de la répression.

Ces questions touchent à celles de l'organisation générale. En matière criminelle, il n'est pas contraire à la saine doctrine que l'appréciation du fait soit distincte de l'application de la loi. Mais cette appréciation ne peut appartenir au premier venu, elle constitue l'exercice d'une véritable fonction sociale. Il y aurait là tout un ensemble d'institutions à modifier.

3° Procédure criminelle.

Le dernier état de la législation en cette matière a été fixé par le code d'instruction criminelle de 1808. Le législateur a abandonné le système de publicité adopté par la Constituante, pour revenir au système de l'information secrète organisé par l'ordonnance de 1670.

Voici, clairement exposée, la situation respective des parties dans une procédure criminelle.

« Une information judiciaire met en présence le pouvoir social représenté par le ministère public ; l'intérêt privé dans la personne du prévenu qui se défend et de la partie civile, auxiliaire ardent de l'accusation ; enfin le juge, au-dessus d'eux, avec la mission de les maintenir par son calme, par son impartialité, dans la limite de leurs droits respectifs (1). »

On comprend la grandeur du rôle du juge d'instruction chargé de pénétrer au fond des consciences pour connaître l'exacte vérité et se tenir en garde à la fois contre les ardeurs de la poursuite et les artifices du crime. Il n'est pas assurément de fonctions plus redoutables et plus hautes.

La poursuite est mise en mouvement par un autre magistrat représentant de l'intérêt social. La fonction du *ministère public* est d'origine essentiellement française. Le magistrat qui en est revêtu a mission de protéger tout ce qui est faible, incapable. Dans les affaires civiles, il donne ses conclusions entre les plaideurs ; il est *partie-liée* dès qu'il s'agit de mineurs, de femmes mariées, d'aliénés ; il a la surveillance des officiers ministériels, de l'état civil, des prisons, des asiles d'aliénés. Au criminel, le ministère public est chargé de la recherche et de la poursuite des crimes et des délits. Il reçoit les procès-verbaux des agents, les dénonciations, et requiert les informa-

(1) Guillot : Du nouveau code d'instruction criminelle.

tions, les arrestations, les ordonnances de renvoi ou de non-lieu. Dans les affaires simples, il cite directement les délinquants devant le tribunal correctionnel. Devant les tribunaux, il requiert l'application de la peine, porte les appels au second degré, les recours en cassation, veille à l'exécution des arrêts, en un mot exerce au nom de la société le rôle de partie adverse contre ceux qui ont porté atteinte à l'ordre social par un acte criminel. En tant que représentant de l'autorité, le ministère public est agent du pouvoir exécutif ; mais il est aussi magistrat, c'est-à-dire juge en sa conscience de la moralité des actes humains. De là cette définition expressive : « L'écriture est serve et la parole est libre. » L'agent du pouvoir prend les réquisitions écrites qui lui sont présentées. Mais le magistrat donne ses conclusions verbales suivant son opinion.

Telle qu'elle est organisée, notre législation criminelle tient une assez juste mesure entre la protection de l'inculpé et la défense de la société, et contient des adoucissements dans les mesures d'instruction. Il n'est pas possible de faire honneur de ces améliorations à la période révolutionnaire, alors qu'on en trouve les éléments dans les édits royaux du 8 mai 1788, et que déjà la *question préparatoire* avait été abolie en 1780.

Actuellement il existe un projet de réforme du code d'instruction criminelle. Tout ce que nous pouvons en dire, c'est qu'il est mauvais dans son ensemble. Il met le juge sous la dépendance du ministère public et par conséquent du gouvernement ; il supprime le droit d'évocation des cours d'appel ; il introduit l'avocat entre le juge d'instruction et l'inculpé, en un mot, il paralyse l'autorité du magistrat instructeur.

S'il y a des réformes à introduire, c'est dans un sens tout autre. Nous ne sommes plus en un temps de déclamations humanitaires ; l'expérience nous a appris qu'il faut avant tout sauvegarder l'indépendance des magistrats et que le sentiment des responsabilités qui leur incombent est la meilleure garantie des droits que la procédure criminelle met en présence.

4° Juridictions d'exception.

La loi nouvelle a posé en principe l'*unité de juridiction.*

On va voir que ce principe n'est pas absolu. La juridiction commerciale, notamment, était demandée dans un grand nombre de cahiers.

Voici les juridictions d'exception qui sont encore nombreuses :

Les tribunaux de commerce.

L'organisation consulaire en France remonte fort loin. Elle a été réglée notamment par l'ordonnance de 1569. Celle qui nous régit date de la loi du 24 septembre 1807 ou code de commerce. La compétence est fixée par la qualité du commerçant et par la nature des actes commerciaux. Le principe électif a toujours été admis en matière commerciale. C'est bien la juridiction *par les pairs*. Seulement, jusqu'à la loi du 8 décembre 1883, les électeurs devaient être choisis parmi les notables commerçants. Aujourd'hui quiconque paie patente a droit de vote. La dignité et la valeur de la juridiction consulaire ont beaucoup perdu à cette innovation démocratique.

Juridiction des prud'hommes.

Nous avons vu l'importance qu'avaient autrefois les juridictions d'arts et métiers. La suppression des maîtrises et des jurandes supprima du même coup ces tribunaux spéciaux. Mais les abus de la liberté illimitée ne tardèrent pas à faire éclater de violents différends entre patrons et ouvriers. Il fallut sévir; la loi du 21 germinal an XI édicta des peines et érigea le Préfet de police à Paris et le Commissaire de police en province, en juges spéciaux entre les ouvriers, les apprentis et leurs patrons. Ce n'est que sous l'Empire, après de nombreuses réclamations, que furent créés les conseils de prud'hommes. Ils existent dans une centaine de villes. Leurs attributions sont de terminer par voie de conciliation les petits différends entre fabricants et ouvriers, chefs d'ateliers et compagnons ou apprentis, de juger jusqu'à 60 francs, sans procédure ni appel, les contestations non conciliées, de veiller à la propriété des marques, enfin de statuer sur les délits d'atelier et manquements des ouvriers et apprentis jusqu'à pouvoir prononcer un maximum de trois jours d'emprisonnement. Ces juges sont élus par les patrons, chefs d'ateliers, contre-maîtres et ouvriers appartenant aux industries énoncées dans le décret d'institution. Dans l'exposé des motifs de la loi de 1853, le commissaire du gouvernement disait que cette institution est fondée sur le grand principe d'égalité devant la loi et devant la justice établi en 1789. On ne voit pas ce que la date de 89 a apporté de bon à cette juridiction qui a sa base dans le passé et dont l'infériorité reconnue aujourd'hui consiste précisément en ce que, le conseil de prud'hommes étant composé de toutes sortes de métiers, n'a pas cette compétence que l'on trouverait, pour chaque métier, d'un tribunal professionnel pris dans son sein. Il semble, du reste, que le législateur ait eu le sentiment de cette nécessité d'un groupement professionnel, car, dans les indications à fournir pour la nomination des conseils de prud'hommes, est compris un tableau indiquant toutes les industries justiciables du conseil projeté, la division des industries en catégories et le nombre de prud'hommes à élire. C'était en 1859. On songeait aux catégories. On a fait du chemin depuis cette époque.

Cette législation n'est plus en harmonie avec le mouvement syndical actuel. C'est là que l'esprit de la Révolution apparait tout entier, dégagé des crimes de la Terreur. Les conseils de prud'hommes sont faits pour l'état d'individualisme créé par les principes de 89 sous le masque de la liberté. Le développement naturel de la vie corporative devra substituer à la juridiction banale des conseils de prud'hommes, des juridictions professionnelles qui seront les juridictions populaires par excellence.

Tribunaux militaires.

Leur nécessité a été reconnue de tout temps dans l'intérêt de la discipline, ce qui montre combien est fausse l'idée de l'égalité de juridiction. Les *conseils de guerre* connaissent des crimes et des délits commis par des militaires. En temps ordinaire, leur compétence cesse quand des non-militaires sont impliqués dans les poursuites comme auteurs principaux ou comme complices.

Tribunaux administratifs.

Le maintien des *Tribunaux administratifs* est la plus grave atteinte portée au principe si hautement proclamé en 89 de l'unité de juridiction. On en faisait un grief envers l'ancien régime. L'inconvénient est-il moindre aujourd'hui ? Il est vrai qu'ils sont institués en vertu d'un autre principe, la *séparation des pouvoirs :* les juges civils ne doivent pas connaître des actes de l'autorité politique. Certainement cette règle n'est pas dictée par l'intérêt des justiciables ; elle dérive de ce droit connu sous le nom de *raison d'Etat*, importation de droit romain que les pouvoirs issus de la Révolution ont toujours appliquée à leur profit.

Nos tribunaux administratifs actuels sont les *Conseils de préfecture* avec recours au *Conseil d'Etat*. Ils connaissent des matières administratives et fiscales.

Le *Tribunal des conflits* a été institué pour statuer en cas d'opposition d'attributions entre le pouvoir judiciaire et le pouvoir politique. La décision suprême en cette matière a varié. Aujourd'hui cette haute Cour est composée d'un nombre égal de juges appartenant d'une part à la Cour de cassation, d'autre part au Conseil d'Etat. La présidence appartient au garde des sceaux, d'où résulte cette conséquence contraire à toute justice, que le gouvernement qui est juge en sa propre cause, a toujours le dernier mot, ainsi qu'on l'a vu dans des circonstances récentes.

Juridictions privilégiées.

Il convient de ranger parmi les exceptions admises par le droit moderne, les *juridictions spéciales à certaines fonctions*. Ainsi les magistrats, les évêques et autres personnages ne peuvent être jugés que par la Cour d'appel. Il en est de même de certains fonctionnaires assermentés dans l'exercice de leurs fonctions. Pendant longtemps les agents du pouvoir ont joui de l'immunité de l'art. 75 qui exigeait l'autorisation préalable aux poursuites. Aujourd'hui encore cette immunité subsiste pour les sénateurs et députés en session.

Ce sont là des exceptions justifiées, mais qui constituent de véritables privilèges. On a beaucoup critiqué jadis le privilège de *committimus* qui certainement avait dégénéré en abus. C'était le droit accordé depuis le XIVe siècle aux officiers du Roi d'être jugés par les *maîtres des requêtes*. Ce droit fut étendu à d'autres personnages et à certains corps constitués. Plus tard, les nobles obtinrent de faire juger leurs procès *omisso medio* par le Parlement de Paris, et d'y entraîner leurs adversaires. Ce privilège fut aboli en 1789, avec les autres. Ne peut-on pas dire qu'il est rétabli dans une certaine mesure par la force même des choses et en vertu des nécessités sociales ?

∴

On le voit, ces grands principes d'*unité de juridiction* et d'*égalité devant* la loi qui ont servi de thème à tant de déclamations, n'ont pas plus le caractère de l'*absolu* depuis 1789 que sous l'ancien régime. C'est une question de *quotité.* De toutes les suppressions pompeusement annoncées par la Constituante, on n'en voit guère qu'une seule qui subsiste parce qu'elle tient au fond même de la pensée révolutionnaire, c'est la *suppression de la juridiction ecclésiastique.*

L'abolition des *officialités* fut un des premiers actes de *laïcisation*. D'autres suppressions en furent la conséquence, jusqu'à l'abolition complète du culte du vrai Dieu remplacé par le culte de la matière. Les régimes qui suivirent prirent soin par des moyens divers de rétablir l'ordre social sur de nouvelles bases. Aucun d'eux n'eut le courage de réintégrer l'Eglise dans ses droits. L'ordre social sera toujours défectueux tant que subsistera cette injustice.

La société chrétienne comporte nécessairement une juridiction ecclésiastique, en premier lieu parce que l'état ecclésiastique est de sa nature un état légal qui entraine des responsabilités propres, en second lieu parce que certains actes humains relèvent essentiellement de l'autorité spirituelle. Ainsi le mariage est un sacrement qui ne dépend pas de la loi humaine. Le pouvoir civil n'a pas autre chose à faire qu'à constater un état qu'il n'a pas créé, mais d'où résultent des conséquences légales auxquelles il donne sa sanction.

Quand la société sera revenue aux vrais principes de l'ordre social, le rétablissement de la juridiction ecclésiastique se fera naturellement.

5° Personnel des tribunaux.

Ce qui précède a trait à l'administration de la justice. Il nous reste à parler des magistrats du régime moderne.

L'*Abolition de la vénalité des charges* répondait à l'un des principaux griefs élevés contre l'ancien régime. Les plus modérés des écrivains modernes l'appellent un *opprobre* (1), une *monstruosité* (2). Ce mot de *vénalité* est un de ceux avec

(1) Dalloz.
(2) Boitard : Proc. civ., § 13. Org. jud., § 85.

lesquels on a faussé le jugement public. Il semblerait que les anciens magistrats eussent l'habitude de vendre leur conscience, de rendre des services et non des arrêts. Si l'on remplace le mot *vénalité* par le mot *propriété*, l'aspect de la question change. Que le magistrat fût *propriétaire* de sa fonction, cela n'a rien que de normal, à condition qu'il pût en être exproprié pour cause d'indignité. Que cette propriété fût une *valeur patrimoniale*, c'est encore légitime, puisque cette propriété était lucrative, tout aussi bien que l'est aujourd'hui une charge de notaire qui donne au titulaire la fonction de revêtir d'authenticité exécutoire les actes entre les parties. Que cette propriété fût *héréditaire*, qu'enfin elle fût *transmissible à titre onéreux* (ce qu'on exprime à tort par le mot *vénal*), c'est toujours le résultat de son caractère de valeur patrimoniale. Mais cela ne veut pas dire que l'on vendît la justice. Ce qui se transmettait, c'était *le bénéfice pécuniaire attaché à la charge*, et non la charge elle-même, et le successeur, soit par suite de vente, soit par suite d'hérédité, était astreint à des conditions d'âge et de capacité qui donnaient lieu à une délibération de la Cour toutes Chambres assemblées. Il n'apparaît pas que l'histoire de la magistrature française soit celle de la corruption et de l'incapacité, et nos grands parlementaires, les Lamoignon, les d'Aguesseau, les Séguier, font encore bonne figure dans l'histoire malgré la vénalité des charges.

Ce qui était sujet à critique, c'était l'abus de la fiscalité : la vente des charges était un moyen de remplir le trésor. A ce point de vue, la réforme était désirable et répondait à un sentiment général.

En même temps, la Constituante proclamait *la gratuité de la justice et l'abolition des épices*. Que n'a-t-on pas dit des épices ! On s'imaginerait volontiers les plaideurs achetant la conscience des magistrats à grand renfort de denrées coloniales. Si l'on disait *honoraires*, le sens serait autre. Telle était cependant la signification du mot épices. Autrefois, il n'était pas d'usage d'émarger au budget comme aujourd'hui. Les *honoraires* étaient payés par les plaideurs, primitivement en nature, plus tard en argent, ce qui n'a rien que de naturel ; et ces honoraires étaient soumis à la taxe, ce qui écarte toute idée de corruption. Mais ce mode de rémunération étant intimement lié à ce qu'on appelait la *vénalité des charges*, devait disparaître en même temps, pour faire place à ce que la loi nouvelle appelle la *gratuité de la justice*. Désormais donc, et en vertu des principes nouveaux, la *justice sera gratuite*. Cela ne veut pas dire que les magistrats et les hommes de justice fourniront gratuitement leur travail, mais que les magistrats seront des fonctionnaires salariés par le gouvernement, et que tous les contribuables participeront à leur traitement, même ceux qui ne plaident pas.

On considère généralement la substitution des magistrats salariés aux magistrats propriétaires de leurs charges comme un des bienfaits de la Révolution. Ce que la Révolution a institué, c'est le mode détestable du recrutement des magistrats par l'élection populaire (loi du 16 août 1790). Aujourd'hui les programmes radicaux le réclament. C'est le véritable système révolutionnaire, celui qui détruirait à jamais la dignité et l'indépendance de la magistrature.

Dans la législation moderne, la nomination des magistrats appartient au gouvernement. Ce système n'a rien d'anormal, puisque le droit de rendre la justice est une émanation de la souveraineté. C'est à condition que le Pouvoir respecte l'indépendance de la magistrature. Les gouvernements modernes ont souvent perdu ce respect. L'inamovibilité a reçu deux graves atteintes, l'une par la mise à la retraite d'âge (décret de 1851); l'autre, par cet acte inique qu'on a nommé l'*épuration*. D'autre part, l'avancement tel qu'il est organisé a trop le caractère de récompense. Le vice du régime moderne c'est l'ingérence politique en toutes choses.

Les garanties d'impartialité promises aux justiciables n'existeront qu'avec un Pouvoir assez intimement uni à la vie même de la nation pour ne pas rechercher dans les magistrats des agents plutôt que des juges.

Alors on recruterait la magistrature dans les milieux où se conservent les grandes traditions de la science et de l'intégrité, alors on donnerait à la charge le caractère de propriété transmissible sous les garanties nécessaires de capacité. Alors peut-être on reviendrait à l'*auditorat* qui fut supprimé en 1830 comme institution aristocratique. Alors l'avancement ne serait pas le prix de la servilité; la vie de province serait favorisée au lieu d'être considérée comme un exil. Le traitement pécuniaire serait une indemnité plutôt qu'un salaire; en un mot, la dignité du magistrat serait en harmonie avec la dignité du souverain.

6° Frais de justice.

Comme conséquence de la suppression des épices, la Constituante a promulgué la *gratuité de la justice*. Chacun sait à quoi s'en tenir sur cette gratuité. Sans doute, il faut bien payer pour plaider, et la gratuité n'est qu'un artifice de langage.

L'abus qui subsiste et que les principes de 89 n'ont pu faire disparaître, c'est la disproportion des frais avec la valeur des objets en litige. Il est avéré que les petits patrimoines sont absorbés par les frais de justice. L'assistance judiciaire est un pauvre expédient, et il faut attendre d'être complètement ruiné pour l'obtenir. En cette matière comme en beaucoup d'autres, la Révolution a négligé l'intérêt des faibles. Des réformes ont été proposées, une loi récente a déjà produit quelque amélioration. Mais c'est un ensemble de législation à reprendre en entier.

CONCLUSIONS

Notre étude est terminée. Nous avons dû laisser dans l'ombre des points de détail et nous arrêter seulement aux principales réformes réclamées par les cahiers de 1789.

Nous avons vu que la plupart de ces modifications étaient déjà préparées par la monarchie.

A notre avis, ce qu'il y a de bon dans nos institutions judiciaires dérive de nos traditions nationales et non des principes nouveaux.

Ce qu'on appelle l'ancien régime, c'est-à-dire le régime des derniers siècles, avait amené des abus issus de la substitution du droit romain, ou pour mieux dire du droit byzantin, au droit chrétien, et la réforme de ces abus était nécessaire.

La Révolution, en détruisant tout, a détruit beaucoup de ces abus ; mais ses innovations n'ont pas été heureuses ; il a fallu revenir en arrière quand on a voulu constituer un régime stable, et les défauts du système actuel sont inhérents aux vices de l'organisation générale.

Les tendances du jour, inspirées des idées révolutionnaires, et dont plusieurs ont déjà reçu leur application, conduiraient à des résultats plus funestes encore.

Nous pensons qu'en effet des changements sont aujourd'hui nécessaires. Nous distinguons ceux qui pourraient résulter d'une bonne législation dans l'ordre politique présent de ceux qui devraient être la conséquence d'une reconstitution sociale réalisée à l'encontre des principes de 1789.

Telle est notre conclusion.

En effet, la Déclaration des droits de l'homme faisant dériver du nombre le principe même de la souveraineté, la conséquence serait que la justice devrait également émaner du nombre, ce qui est absolument contraire à toute vérité.

Pour que l'administration de la justice soit rétablie dans l'ordre, il est nécessaire que la société soit elle-même rétablie sur ses bases normales.

L'expérience acquise pendant cent années de régime révolutionnaire amènera-t-elle un retour du sentiment national aux saines notions de la justice et du droit? Dieu seul le sait.

∴

Voici comment on pourrait résumer les questions soulevées dans le mémoire qui précède :

1° Des réformes à proposer en l'état actuel.

— Révision du Code d'instruction criminelle dans un esprit opposé à celui du projet de loi actuellement à l'étude. Garanties d'indépendance données au juge d'instruction. Meilleure composition de la liste du jury.

— Révision complète et sérieuse du Code de procédure civile, en vue de proportionner équitablement les frais à l'importance du litige.

— Garanties données à l'inamovibilité des magistrats. Suppression de la mise à la retraite à raison de l'âge.

— Avancement par classes personnelles. Diminution des traitements et non du nombre des magistrats.

— Pour les tribunaux de commerce, retour à l'élection par les notables de chaque catégorie commerciale.

— Révision des attributions des tribunaux administratifs.

— Réforme de la composition du tribunal des conflits, assurant l'impartialité de ce corps judiciaire.

2° Des réformes à entrevoir comme résultant d'une reconstitution sociale nécessaire.

L'Eglise et les corps professionnels doivent avoir leurs *justices propres*.

— A l'Eglise on devra rendre sa juridiction *ratione personæ* et *ratione materiæ*, au peuple qui travaille ses tribunaux corporatifs, les seuls qui puissent juger en connaissance de cause les questions spéciales à la profession.

— L'institution du jury a été détournée de sa raison d'être en étant adaptée au régime individualiste du suffrage universel. Elle deviendra une véritable *fonction sociale* quand le système électoral aura été réorganisé en conformité avec les principes du régime corporatif.

— Enfin l'organisation sociale et normale des pouvoirs publics aura son influence sur le recrutement de la magistrature. Une heureuse combinaison des trois principes de la propriété de la charge, de la présentation par le corps judiciaire et de la nomination par le chef de l'Etat, assurerait à la fois l'indépendance du magistrat, l'autorité du souverain et les traditions professionnelles d'honneur et de capacité.

hommage V. DE MAROLLES.

Bar-le-Duc — Typ. de l'Œuvre de Saint-Paul, Schorderet et Cie — 83

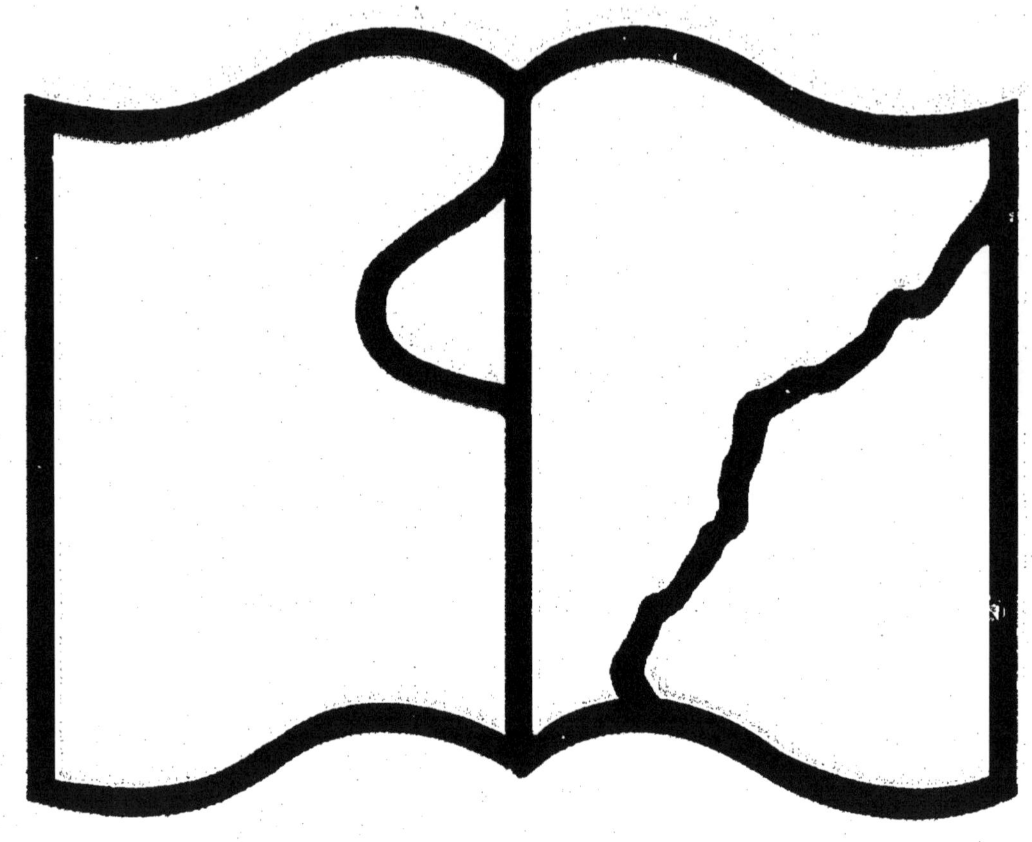

Texte détérioré — reliure défectueuse

NF Z 43-120-11

www.ingramcontent.com/pod-product-compliance
Ingram Content Group UK Ltd.
Pitfield, Milton Keynes, MK11 3LW, UK
UKHW021029200726
13857UKWH00004B/1665

9 782011 907721